Monasterio Santa Esperanza

AF174512

Ojos que se abren

En Cuaresma con María

Paulinas

Los textos de Ermes Ronchi han sido cogidos de su libro *Las casas de Maria*, Paulinas, Madrid 2007^2

Título original: *Occhi che si aprono. In Quaresima con Maria*.
Traducido por: María Jesús García González.
Imagen de cubierta: Michael Starkie.
Diseño de cubierta y maquetación: Alba Cosío Velasco.

© PAULINAS 2026
Carril del Conde, 62 - 28043 Madrid
Tel.: 91 721 89 84 - Fax: 91 759 02 04
E-mail: editorial@paulinas.es
www.paulinas.es

PAOLINE Editoriale Libri
© Figlie di San Paolo, 2023

ISBN: 978-84-19408-68-6
Depósito Legal: M-2241-2026

Impreso por Gar.Vi. 28970 Humanes (Madrid)
Printed in Spain. Impreso en España

Premisa

El itinerario cuaresmal propuesto es un camino a través de los cinco Evangelios de los domingos de Cuaresma del año A. La liturgia nos invita a realizar un itinerario bautismal para descubrir la identidad del creyente y del discípulo del Señor Jesús, el único que, encontrando nuestra pobreza, puede salvarla. Es un camino marcado por la acción del «ver», en todos sus matices semánticos: cada etapa se caracteriza por un encuentro de miradas, visiones, reconocimientos entre Cristo y los distintos personajes que se asoman a las páginas del Evangelio. Con ellos llegamos a descubrir la mirada de misericordia del Padre que resplandece a través de los ojos del Hijo, ojos que ya están decididamente en camino hacia Jerusalén, hacia el don total de sí por nosotros.

El desafío y la belleza de esta propuesta de meditación de la Palabra consiste en querer mirarse claramente en el rostro de María santísima, imagen del creyente, primera y verdadera discípula del Hijo. En cada etapa la palabra del Evangelio dominical se confronta con su experiencia y de ella quiere sacar un modelo de seguimiento del Maestro y Señor.

Con este itinerario queremos ponernos al lado de la Virgen María como mujer, creyente, discípula del Señor: no encontraremos la exaltación de lo que en ella es extraordinario, sublime, excepcional, sino la contemplación de su humanidad que se

3

hace también para nosotros camino transitable sobre los pasos del Señor. La humanidad de María, sus elecciones, sus pensamientos, su sensibilidad nos llevan a encontrar los ojos de Cristo.

Monasterio Santa Esperanza

Abreviaturas para la celebración

P. Presidente

T. Asamblea

G. Guía

L. Lector

C. Coro

HACED LO QUE ÉL OS DIGA

Celebración mariana

en la primera semana de Cuaresma

Canto inicial

P. En el nombre del Padre y del Hijo y del Espíritu Santo.

T. *Amen.*

P. La misericordia del Padre, la gracia y la paz de Cristo, el amor del Espíritu Santo estén con todos vosotros.

T. *Y con tu espíritu.*

P. Oremos.

Padre, que en tu providencia admirable has querido asociar a la Virgen María al misterio de nuestra salvación, haz que, acogiendo la invitación de la Madre, pongamos en práctica lo que Cristo nos ha enseñado en el Evangelio. Él que vive y reina por los siglos de los siglos.

T. *Amen.*

P. Anunciad la salvación del Señor, proclamad sus obras entre los pueblos.

T. *Eterna es su misericordia.*

P. Gloria y honor a ti, oh Cristo, palabra viva del Padre.

T. *Tú eres el Salvador del mundo, la humanidad nueva, primicia del Espíritu: a ti la alabanza y la gloria por los siglos. Amén.*

G. Jesús nos muestra el método bíblico para abordar las tentaciones. A la palabra de la mentira opone la palabra de Dios. También nosotros estamos llamados a elegir, vivir es elegir. La luz para nuestras elecciones la encontramos en el Evangelio, fuente de personas libres. El valor para elegir viene de la fuerza de nuestros ideales, nace cuando nos evangelizamos de nuevo a nosotros mismos, manifestando el amor y los valores; viene de la fuerza con que el Fuerte me ha cogido el corazón. Así me opongo a lo que da muerte: con la Palabra que hace vivir.

Escucha de la Palabra

1L. Escuchamos la palabra del Señor en el Evangelio de Mateo (4,1-11)

Luego el Espíritu llevó a Jesús al desierto para ser tentado por el diablo. Y después de haber ayunado cuarenta días y cuarenta noches, al final tuvo hambre. El tentador se acercó y le dijo: «Si eres hijo de Dios, di que estas piedras se conviertan en panes». Pero él respondió: «Está escrito: No solo de pan vive el hombre, sino de toda palabra que sale de la boca de Dios».

Luego el diablo lo llevó a la ciudad santa, lo subió al alero del templo y le dijo: «Si eres hijo de Dios, tírate de aquí abajo, porque está escrito: Ordenará a sus ángeles que cuiden de ti, que te lleven en las manos para que no tropiece tu pie con

6

ninguna piedra». Jesús le dijo: «También está escrito: No tentarás al Señor tu Dios».

De nuevo el diablo lo llevó a un monte muy alto, le mostró todos los reinos del mundo y su esplendor, y le dijo: «Todo esto te daré si te pones de rodillas y me adoras». Jesús le dijo: «Retírate, Satanás, porque está escrito: Al Señor tu Dios adorarás y a él solo servirás». Entonces el diablo lo dejó, y los ángeles llegaron y se pusieron a servirle.

Momento de silencio

G. Lo que Jesús ha dicho y hecho, su Palabra, su misma persona, puede y debe convertirse en nuestra experiencia. Es la Palabra que, acogida, nos permite entrar comunión con el Padre y con su voluntad. La Palabra es vida, sabiduría, justicia, santidad, misericordia, el corazón mismo de Dios... su Palabra es el alimento que necesitamos.

1L. Escuchamos la palabra del Señor en el Evangelio de Juan (2,1-11)

Tres días después hubo una boda en Caná de Galilea, en la que estaba la madre de Jesús. Invitaron también a la boda a Jesús y a sus discípulos. Se terminó el vino, y la madre de Jesús le dijo: «No tienen vino». Jesús le contestó: «¿A ti y a mí qué, mujer? Mi hora todavía no ha llegado». Su madre dijo a los sirvientes: «Haced lo que él os diga». Había allí seis tinajas de piedra de unos cien litros cada una para los ritos de purificación de los judíos. Jesús les dijo: «Llenad de agua las tinajas». Y las llenaron has arriba. Añadió: «Sacad

7

ahora y llevárselas al maestresala». Y se lo llevaron. Tan pronto como el maestresala probó el agua convertida en vino (sin saber de dónde era, aunque sí lo sabían los sirvientes que habían sacado el agua), llamó al novio y le dijo: «Todos sirven primero el vino mejor; y cuando se ha bebido en abundancia, el peor. Tú, en cambio, has guardado el vino mejor hasta ahora».

Así, en Caná de Galilea, Jesús comenzó sus milagros, manifestó su gloria y sus discípulos creyeron en él.

Estribillo

Da la paz, Señor, a los que confían en ti.
Da la paz, Señor, da la paz.

2L. «Haced lo que él os diga»: son las últimas palabras de María en el Evangelio, las únicas palabras que María dirige a los hombres. Hasta ahora la habíamos oído hablar con el ángel, con Dios, con el Hijo. Esta palabra la ha dicho aquí a los seres humanos, nos la ha dicho a nosotros.

E. Ronchi

T. Padre Santo, te alabamos y te bendecimos porque en el camino de la Iglesia peregrina sobre la tierra has puesto como signo luminoso a la Virgen María.

En ella contemplamos a la discípula fiel a tu designio de amor: humilde colaboradora en la obra de la reconciliación, sierva de la unidad en Cristo de todos los hijos dispersos.

Con ella, en el Espíritu de tu Hijo, proclamamos el canto de la fe: memoria de tus intervenciones en la historia humana, palabra nueva que capta y transfigura los lamentos de la creación.

Como ella, te pedimos que hagas dócil nuestro corazón a las palabras del Maestro y seguir sus inspiraciones, para que en el amor recíproco podamos servir a los hombres y mujeres de nuestro tiempo a despertar en ellos una viva esperanza, don de tu Espíritu.

A ti, Padre, que puedes realizar mucho más de lo que podemos pedir, la gloria, el poder y el honor por Cristo con el Espíritu Santo, en la santa Iglesia, ahora y por los siglos de los siglos. Amén.

2L. «Haced lo que él os diga»: precisamente este es el consejo de María para nosotros. Ya sabíamos que el consejo de una madre sería muy apropiado. Una madre ve más profundamente y va más al fondo que cualquiera de sus hijos.

La vida humana, si quiere llegar a su plenitud, debe depender de otra cosa fuera de sí misma. ¿Quién de nosotros con sus fuerzas alcanzará la salvación? ¿Podrán los hijos de Eva en esta vida resistir, soportar, esperar, caminar? Pongámonos seriamente a la escucha de nuestro corazón. Sí, nuestra salvación viene de otra parte. Hay que esperar constantemente y hay que acogerla cordialmente. Nuestra salvación viene del Dios que hizo el cielo y la tierra.

E. Ronchi

Estribillo
El Señor es mi fuerza, mi canto es el Señor.
Él es el Salvador, en él confío no tengo miedo,
en él confío no tengo miedo.

9

3L. «Haced lo que él os diga»: haced, es decir actuad, comprometeos, trabajad sobre lo que Jesús os indique. Haced, porque ha hablado, pero seguirá hablando y su Palabra no ha terminado. Vendrá para crear cielos, purificar el corazón, a llenar de coraje nuestras vidas, nuestros hogares. Practicad el Evangelio entero y lo que pide el Evangelio, el consejo amable, el discurso exigente, la prohibición, la bienaventuranza, la propuesta arriesgada, hasta la cruz y después la resurrección.

E. Ronchi

RESPONDEMOS A LA PALABRA CON EL SALMO 19 (18)

1C. La ley del Señor es perfecta,
portadora de vida;
el testimonio del Señor es veraz,
hace sabio al sencillo.

2C. Los preceptos del Señor son justos,
reportan alegría al corazón;
los mandamientos del Señor son límpidos,
dan luz a los ojos.

1C. El temor del Señor es puro,
dura para siempre;
los decretos del Señor son la verdad misma,
todos ellos son justos.

2C. Más preciosos que el oro,
más que el oro fino,
más sabrosos que la miel
y más que el jugo de panales.

4L. Practicar el Evangelio es el camino para volver a introducir el amor en el mundo y en la casa, para reconquistar el amor aun cuando nos parezca imposible, ese amor que se extiende sobre todos, nadie excluido, amor de Evangelio. Y santa María, la mujer que no se resigna ante la contrariedad de Caná, nos muestra que hay una ley fundamental por la cual las cosas pueden ir de lo pequeño a lo grande, de lo débil a lo fuerte, del agua al vino, en todas las situaciones. Es la ley de la esperanza. Entonces el creyente puede volver a empezar y llenar de nuevo las ánforas vacías de la vida; pero no por nuestra fuerza, el camino está trazado lo indica María: «Haced lo que Él os diga».

E. Ronchi

Momento de silencio

Reflexión de quien preside

ORACIÓN DE INTERCESIÓN

P. El Padre nos ha dado en la Virgen María una madre que nos conoce y nos ama. Le presentamos nuestra oración para que, como María, nos haga capaces de escuchar su Palabra, de contemplar la belleza de la creación, de cantar su alabanza, de acompañar el dolor de la humanidad. Oremos juntos y digamos:

T. *Se cumpla en nosotros, Señor, tu Palabra.*

5L. Para que la Iglesia, esposa del Verbo encarnado, sea siempre fiel a la Palabra, indivisa en la fe, unida en el amor, oremos.

T. *Se cumpla en nosotros, Señor, tu Palabra.*

5L. Para que la palabra de Dios, anunciada por los profetas, que ha descendido al seno de la Virgen, predicada por los apóstoles, sea acogida con amor por todas las gentes, oremos.

T. *Se cumpla en nosotros, Señor, tu Palabra.*

5L. Para que todos nosotros, inspirándonos en el *fiat* de la Virgen, realicemos fielmente la voluntad de Dios y vivamos al servicio del prójimo, oremos.

T. *Se cumpla en nosotros, Señor, tu Palabra.*

5L. Por todos los que se encuentran en la duda, para que, siguiendo el ejemplo de la Virgen, se confíen enteramente al Señor y por la fe sean dichosos, oremos.

T. *Se cumpla en nosotros, Señor, tu Palabra.*

P. Recemos juntos como el Señor y maestro nos ha enseñado: *Padre nuestro...*

P. Oremos.

Señor Dios nuestro, que has hecho de la Virgen María el modelo de quien acoge tu Palabra y la pone en práctica, abre nuestro corazón a la bienaventuranza de la escucha, y con la fuerza de tu Espíritu haz que también nosotros nos convirtamos en lugar santo donde hoy se cumple tu Palabra de salvación. Por nuestro Señor Jesucristo, tu Hijo, que vive y reina contigo en la unidad del Espíritu Santo, por los siglos de los siglos.

T. *Amen.*

Bendición

P. El Señor guíe vuestros corazones en el amor de Dios y en la paciencia de Cristo.

T. *Amen.*

P. Que podáis caminar siempre en la vida nueva y agradar en todo al Señor.

T. *Amen.*

P. Y la bendición de Dios, Padre, Hijo y Espíritu Santo, descienda y permanezca siempre con vosotros.

T. *Amen.*

P. Podemos ir en paz para amar y servir al Señor.

T. *Demos gracias a Dios.*

Canto final

BRILLA SOBRE NOSOTROS
EL ROSTRO DEL SEÑOR

Celebración mariana
en la segunda semana de Cuaresma

P. En el nombre del Padre y del Hijo y del Espíritu Santo.

T. *Amen.*

P. El Dios de la esperanza, que nos llena de toda alegría y paz en la fe por el poder del Espíritu Santo, esté con todos vosotros.

T. *Y con tu Espíritu.*

P. Oremos.

Oh Dios, Padre bueno, que no has perdonado a tu Hijo unigénito, sino que lo has entregado por nosotros pecadores, fortalécenos en la obediencia de la fe, como María, para que siguiendo sus huellas seamos con él transfigurados en la luz de tu gloria. Por Cristo nuestro Señor.

T. *Amen.*

Se canta un canto mariano o este himno en forma coral

T. Oh Madre del Señor
que acoges en tu corazón
y conservas la Palabra,

o nueva Eva, concede que vengamos
a refugiarnos en ti.

Hija de Israel
que no espera nada más que su venida,
alegría de los profetas,
el Espíritu en ti plasma la imagen del Padre,
Jesús el Enmanuel.

Oh Madre de los creyentes,
zarza siempre ardiente, morada del Señor,
Virgen María, prepara en el silencio
la levadura del Reino
donde renace el mundo.

Del Himnario del Monasterio de Bose

G. En nuestro itinerario cuaresmal queremos contemplar hoy el icono del Señor Jesús transfigurado ante Pedro, Santiago y Juan. Los tres discípulos viven la experiencia de ser envueltos por la nube luminosa y de ella reciben el mandato de escuchar al Hijo; atemorizados por esta grandiosa manifestación, experimentan la presencia cercana y solícita del Señor Jesús que los invita finalmente a levantarse y con ellos desciende del monte para dirigirse hacia Jerusalén. Estos cuatro momentos están acompañados por la experiencia de María, primera discípula del Hijo. María precede a los discípulos en el seguimiento del Señor: también ella ha recibido, con el anuncio del ángel, una Palabra que escuchar, ha sido cubierta por la potencia del Espíritu, ha

15

experimentado la presencia íntima del Hijo crecer en sus entrañas y, finalmente, llena de caridad, se levantó para ponerse en camino hacia la casa de su prima Isabel.

Escucha de la Palabra

P. Escuchamos la palabra del Señor según el Evangelio de Mateo (17,1-9).

Seis días después Jesús tomó consigo a Pedro, a Santiago y a Juan, su hermano, y los llevó a un monte alto a solas. Y se transfiguró ante ellos. Su rostro brilló como el sol y sus vestiduras se volvieron blancas como la luz. Y se le aparecieron Moisés y Elías hablando con él.

Pedro tomó la palabra y dijo a Jesús: «Señor, qué bien se está aquí. Si quieres, hago aquí tres tiendas: una para ti, otra para Moisés y otra para Elías». Aún estaba hablando, cuando una nube luminosa los cubrió, y una voz desde la nube dijo: «Este es mi hijo amado, mi predilecto, escuchadlo». Al oírlo, los discípulos cayeron de bruces, aterrados de miedo. Jesús se acercó, los tocó y les dijo: «Levantaos y no tengáis miedo». Alzaron ellos sus ojos y no vieron a nadie, sino solo a Jesús. Y mientras bajaban del monte, Jesús les ordenó: «No contéis a nadie esta visión hasta que el hijo del hombre haya resucitado de entre los muertos».

PRIMER CUADRO: ENVUELTOS POR LA NUBE

1L. Una nube luminosa envuelve a los discípulos con su sombra. La nube revela, y al mismo tiempo oculta, la presencia de Dios. Pedro, Santiago y Juan experimentan esta presencia

16

que les cubre. Como en el desierto, durante el largo peregrinar de Israel hacia la tierra prometida, una nube cubría la tienda del encuentro y acompañaba a este santuario móvil, así ahora una nube se ha extendido sobre los discípulos de Jesús.

2L. El ángel Gabriel respondió a María: «El Espíritu Santo descenderá sobre ti, y la fuerza del Todopoderoso te cubrirá con su sombra» (Lc 1,35a).

3L. El relato de la anunciación a María evoca la sombra que la nube divina extendía sobre el arca de la alianza como signo de la presencia del Señor. María es, pues, la tienda de Dios, el tabernáculo viviente del Todopoderoso, el Arca que lleva en su interior al mismo Dios. En María podemos ver aquello que está confuso en los seres humanos: cada persona, como María, ha sido elegida porque es querida y consagrada por Dios en el amor, sobre cada persona Dios extiende su sombra y la llama a ser su morada y lugar de la manifestación de su gloria.

Momento de silencio

P. Santa María, Templo del Espíritu Santo,

T. *intercede por nosotros, discípulos de tu Hijo.*

P. Santa María, Tabernáculo de la gloria eterna,

T. *intercede por nosotros, discípulos de tu Hijo.*

P. Santa María, Morada consagrada a Dios,

T. *intercede por nosotros, discípulos de tu Hijo.*

17

P. Santa María, Santuario de la divina presencia,

T. *intercede por nosotros, discípulos de tu Hijo.*

P. Santa María, Arca de la alianza,

T. *intercede por nosotros, discípulos de tu Hijo.*

P. Santa María, Puerta del cielo,

T. *intercede por nosotros, discípulos de tu Hijo.*

SEGUNDO CUADRO: ESCUCHAR

1L. La voz que proviene de la nube invita a Pedro, Santiago y Juan a escuchar a Jesús: él es el Hijo predilecto del Padre, él es la misma Palabra de Dios hecha carne por nosotros.

2L. A las palabras del ángel Gabriel, María «se turbó y se preguntaba qué significaría tal saludo. El ángel le dijo: "No temas, María, porque has encontrado gracia ante Dios. Concebirás y darás a luz un hijo, al que pondrás por nombre Jesús"» (Lc 1,29-31).

3L. Dos son las actitudes fundamentales de María: el turbarse y reflexionar sobre la Palabra. El significado del verbo griego «turbar» nos dice que María, al escuchar la Palabra, es «sacudida de arriba a abajo», se deja involucrar, sacudir de pies a cabeza. Además, medita y se interroga, plantea preguntas, dialoga de manera profunda y valiente con la Palabra.

Momento de silencio

P. Reina de los ángeles,

T. *ayúdanos a acoger la Palabra, y así nuestra vida brillará de luz.*

18

P. Reina de los profetas,

T. *ayúdanos a acoger la Palabra, y así*
nuestra vida brillará de luz.

P. Reina de los apóstoles,

T. *ayúdanos a acoger la Palabra, y así*
nuestra vida brillará de luz.

P. Reina de los mártires,

T. *ayúdanos a acoger la Palabra, y así*
nuestra vida brillará de luz.

P. Reina de las vírgenes,

T. *ayúdanos a acoger la Palabra, y así*
nuestra vida brillará de luz.

P. Reina de todos los santos,

T. *ayúdanos a acoger la Palabra, y así*
nuestra vida brillará de luz.

TERCER CUADRO: TOCADOS POR LA PRESENCIA DE JESÚS

1L. Al oír la voz en la nube, a los discípulos les invade un gran temor y caen con el rostro en tierra, pero Jesús se les acerca, los toca y les exhorta a no tener miedo. Ellos, alzando sus ojos, ven únicamente a Jesús.

2L. El ángel Gabriel dijo a María: «por eso el niño que nazca será santo y se le llamará Hijo de Dios». Entonces María dijo: «Aquí está la esclava del Señor, hágase en mí según tu palabra» (Lc 1,35b.38a).

19

3L. La adhesión de María al mensaje angélico realiza plenamente una antigua sentencia del profeta Isaías: «Como la lluvia y la nieve descienden del cielo y no vuelven allá sin empapar la tierra, sin fecundarla y hacerla germinar, para que dé sementera al sembrador y el pan para comer, así la palabra que sale de mi boca no vuelve a mí sin resultado» (Is 55,10-11). Con el sí de la Virgen la Palabra vuelve a Dios habiendo realizado aquello para lo que fue comunicada: Jesús, palabra de Dios, es concebido en el vientre de María. Como María, cada persona que acoge la Palabra genera a Cristo para sus hermanos.

Momento de silencio

P. Ave, Madre del Creador,

T. *tú nos enseñas que la verdadera vida es ser habitados por Dios.*

P. Ave, Madre del Salvador,

T. *tú nos enseñas que la verdadera vida es ser habitados por Dios.*

P. Ave, Madre de la Iglesia,

T. *tú nos enseñas que la verdadera vida es ser habitados por Dios.*

P. Ave, Madre de misericordia,

T. *tú nos enseñas que la verdadera vida es ser habitados por Dios.*

P. Ave, Madre de la divina gracia,

T. *tú nos enseñas que la verdadera vida*
es ser habitados por Dios.

P. Ave, Madre de la esperanza,

T. *tú nos enseñas que la verdadera vida*
es ser habitados por Dios.

CUARTO CUADRO: LEVANTAOS

1L. Ya la voz procedente de la nube ha salido de la escena. Jesús, acercándose a los discípulos, les exhorta a levantarse y a no tener miedo. Es el momento de levantarse y bajar del monte junto con Jesús. Él se dirige hacia Jerusalén, hacia el cumplimiento del proyecto de amor del Padre que pasa por la pasión, muerte y resurrección del Hijo. Los discípulos están llamados a levantarse y seguir al Señor en este camino de entrega de sí a los hermanos.

2L. «En aquellos días María se dirigió presurosa a la montaña, a una ciudad de Judá» (Lc 1,39).

3L. Después que el ángel se alejó de ella, María se levantó y se fue a visitar a su prima Isabel. María es el arca de la nueva alianza en camino: Jesús sube en ella y con ella va hacia Jerusalén, ella va llevando el Verbo. Este ir, preñados de Dios, por las calles del mundo, es imagen suprema de todo creyente, misión de todo bautizado: llevar a quien te lleva, ponerse en camino con el Verbo hacia toda la humanidad.

Momento de silencio

21

P. Santa María, Estrella de la mañana,

T. *por tu ejemplo, queremos ofrecer Cristo a los hermanos.*

P. Santa María, Salud de los enfermos,

T. *por tu ejemplo, queremos ofrecer Cristo a los hermanos.*

P. Santa María, Refugio de los pecadores,

T. *por tu ejemplo, queremos ofrecer Cristo a los hermanos.*

P. Santa María, Consuelo de los migrantes,

T. *por tu ejemplo, queremos ofrecer Cristo a los hermanos.*

P. Santa María, Consoladora de los afligidos,

T. *por tu ejemplo, queremos ofrecer Cristo a los hermanos.*

P. Santa María, Ayuda de los cristianos,

T. *por tu ejemplo, queremos ofrecer Cristo a los hermanos.*

T. Santa María, humilde sierva del Señor,
gloriosa Madre de Cristo.
Virgen fiel, seno sagrado al Verbo,
enséñanos a ser dóciles
a la voz del Espíritu,
a vivir en la escucha de la Palabra,
atentos a sus llamadas
en el secreto del corazón,
vigilantes a sus manifestaciones
en la vida de los hermanos,
en los acontecimientos de la historia,
en el gemido y en el júbilo de la creación.
Virgen de la escucha, criatura orante,
acoge nuestra oración.

Bendición

P. Oremos.

Dios de la luz, que transfiguraste a tu Hijo delante de los discípulos para manifestar el cumplimiento de las escrituras y la continuidad de la fe, concédenos, por intercesión y por el ejemplo de santa María, su gloriosa madre y discípula, contemplar esta luz para que también nosotros seamos transfigurados a imagen de Cristo Jesús bendito por los siglos de los siglos.

T. *Amen.*

P. El Señor os bendiga y os proteja.

T. *Amen.*

P. El Señor haga brillar sobre vosotros su rostro y os conceda su gracia.

T. *Amen.*

P. El Señor os mire y os dé la paz.

T. *Amen.*

P. Y la bendición de Dios, Padre, Hijo y Espíritu Santo, descienda y permanezca siempre con vosotros.

T. *Amen.*

P. Podéis ir en paz para en todo amar y servir al Señor.

T. *Demos gracias a Dios.*

Canto final

EXAMÍNAME, OH DIOS, Y CONOCE MI CORAZÓN

Celebración mariana
en la tercera semana de Cuaresma

Se coloca un cántaro en el centro del presbiterio, delante del altar.

G. Santa María, mujer acogedora, ayúdanos a acoger la Palabra en lo más íntimo del corazón. A entender, es decir, como tú has sabido hacer, las irrupciones de Dios en nuestra vida. No llama a la puerta para obligarnos a salir, sino para llenar de luz nuestra soledad. No entra en la casa para ponernos las esposas, sino para devolvernos el gusto de la verdadera libertad. Lo sabemos: es el miedo a lo nuevo que nos hace a menudo poco hospitalarios frente al Señor que viene. Los cambios nos molestan. Y como él siempre estropea nuestros pensamientos, cuestiona nuestros programas y pone en crisis nuestras certezas, cada vez que escuchamos sus pasos, evitamos encontrarlo, escondiéndonos detrás de los arbustos, como Adán y Eva entre los árboles del Edén. Haznos comprender que Dios, si nos estropea los proyectos, no nos arruina la fiesta; si perturba nuestros sueños, no nos quita la paz. Y una vez que lo hayamos acogido en el corazón, también nuestro cuerpo brillará con su luz.

Tonino Bello

Canto inicial

P. En el nombre del Padre y del Hijo y del Espíritu Santo.

T. *Amen.*

P. El Dios de la esperanza que nos llena de toda alegría y paz en la fe por el poder del Espíritu Santo, esté con todos vosotros.

T. *Y con tu Espíritu.*

P. Oremos.

Padre, que nos has dado en la Virgen María una madre que nos conoce y nos ama, acoge la oración que te dirigimos en comunión con ella: haznos capaces de escuchar tu Palabra, de contemplar la belleza de la creación, de cantar tu alabanza, de acompañar a cada persona en los caminos de la vida. Por nuestro Señor Jesucristo tu Hijo, que es Dios, y vive y reina contigo en la unidad del Espíritu Santo, por los siglos de los siglos.

T. *Amen.*

G. Jesús llegó a un pueblo llamado Sicar, junto a la heredad que Jacob dio a su hijo José. Allí estaba el pozo de Jacob. Jesús, cansado del camino, se sentó junto al pozo. Era cerca del mediodía. Llegó una mujer de Samaría a sacar agua (Jn 4,5-7a).

1L. Samaria, Sicar, el pozo de Jacob, una mujer samaritana, Jesús... son nombres de personas, de lugares que abren este relato que nos presenta el evangelista Juan. Como otros tantos nombres abren el relato del anuncio del ángel a María: Dios, Gabriel, Galilea, Nazaret, José, David, María.

Nombres que, en ambos casos, nos preparan no para elaborar una teoría, sino para acoger una historia, para entrar en la cotidianidad en vez de detenernos en el extraordinario.

La acción de Dios no se desarrolla fuera de la historia humana, no construye otra historia con personas creadas a propósito; en cambio irrumpe en un lugar preciso, en un tiempo preciso, con personas precisas. Tierra y carne habitada por un más allá.

La mujer de este relato habita una tierra considerada periférica, señalada como impura. Los samaritanos ni siquiera podían entrar en el templo de Jerusalén, ya que eran considerados indignos por el hecho de que, a lo largo de los siglos, su raza se había mezclado con la de poblaciones extranjeras.

Una mujer que no representa el máximo del prestigio social, una mujer con un pasado y quizás un presente dudoso, una mujer que está realizando un trabajo ordinario y monótono. María es mujer de las periferias, mujer de Palestina, pequeña provincia periférica del imperio romano; mujer de Galilea, región en los confines de Israel, región pequeña, casi herética. Mujer de Nazaret, pueblo nunca mencionado en la Biblia, pueblo sin historia, sin recuerdos, sin futuro. Mujer dentro de una sociedad no favorable a las mujeres; mujer joven, allí donde la autoridad pertenece a los ancianos; mujer probablemente analfabeta en una religión donde se daba culto a la Palabra escrita. Mujer que se encuentra embarazada antes de irse a vivir con su marido, por obra de Otro.

Santa María viene de las periferias a decirnos que todos, incluso la Samaritana, podemos reconocernos en ella porque nadie tiene menos que ella. Es el camino de los pobres de Israel, el camino privilegiado por Cristo.

Momento de silencio

Canto meditativo

G. Jesús le dice: «Dame de beber». Sus discípulos habían ido a la ciudad a comprar de comer. La samaritana le dijo: «¿Cómo tú, siendo judío, me pides de beber a mí, que soy samaritana?». Es que los judíos no se tratan con los samaritanos. Jesús contestó: «Si conocieras el don de Dios y quién es el que te dice: ¡Dame de beber!, tú le habrías pedido a él, y él te habría dado agua viva» (Jn 4,7b-10).

1L. «Dame de beber». Tú mujer, tú hombre, puedes dar algo a Dios. A este Dios sediento. Pertenece al estilo de Jesús: valorizar algo que está en ti, que está en tus manos. Y si tiene que hacer el milagro del vino, pide a los siervos que lleven agua en las tinajas; si tiene que multiplicar el pan para cinco mil, pide al muchacho que le lleve sus cinco panes de cebada y sus dos peces.

Esta es la manera de Dios para eliminar las distancias, es la belleza y la revolución de Jesús que va a reclamar la importancia del pozo que es excavado en cada uno de nosotros. Es como si dijera a la mujer samaritana: «Hay agua en tu pozo, cava en tu pozo y brotará». Él, el Maestro, le ayuda a cavar dentro. Y te sientes mirada, tú misma, mujer samaritana, y hay que entusiasmarse delante de quien pide, superando todos nuestros prejuicios.

2L. Es Dios quien ha buscado a María, es Dios quien ha querido su colaboración, es Dios quien ha ido a llamar a su puerta. Dios ha mirado a la mujer más insignificante de todas para mostrar en ella el poder de su brazo. Dios ha elegido a su humilde sierva sin grandes cualidades humanas y grandes carismas para hacer evidente ante los ojos de todo el mundo que las maravillas de la sabiduría no son fruto de méritos personales sino de la gracia de Dios. Dios ha pedido la ayuda de María y la ha hecho el centro del misterio de la encarnación.

Momento de silencio

Canto meditativo

G. Jesús le contestó: «Anda, llama a tu marido y vuelve aquí». La mujer contestó: «No tengo marido». Jesús le dijo: «Muy bien has dicho que no tienes marido. Porque has tenido cinco maridos, y el que ahora tienes no es marido tuyo. En

28

esto has dicho la verdad». La mujer le dijo: «¡Señor, veo que tú eres profeta!».

En esto llegaron sus discípulos y se admiraron de que estuviera hablando con una mujer. Pero ninguno se atrevió a decirle qué le estaba preguntando o por qué estaba hablando con ella. La mujer dejó su cántaro y fue a la ciudad a decir a la gente: «Venid a ver a un hombre que me ha adivinado todo lo que he hecho. ¿Será acaso este el mesías?». Salieron de la ciudad y fueron adonde estaba Jesús (Jn 4,16-19.27-30).

1L. Llegamos al corazón del sufrimiento, de la dificultad. Nos encontramos en la puerta de una soledad profunda, umbral ahora desgastado, de una vida abandonada y sin sentido. La mujer declara al Señor que está sola, sin un amor, sin una compañía, una presencia. Nadie la ha amado jamás. Y es precisamente en este punto, dentro del dolor resurgido, a través de la confesión y la revelación de sí mismo, donde comienza la verdadera curación, la resurrección. La mujer declara toda su impotencia y por tanto su necesidad. Parece paradójico, pero es precisamente ahora cuando ella puede dejar el cántaro, huir alejándose del agua que no deshidrata y volver a la ciudad, entre la gente, rica de un tesoro que antes no conocía, y que le permite hablar a todos, invitar a todos a la alegría que ella finalmente ha probado ya.

2L. El mundo está lleno de soñadores. Todos creemos alguna vez que, a fuerza de soñar con paraísos maravillosos, nos encontraremos con ellos. La realidad de la vida no tarda en despertarnos: está presente el dolor, la lucha, la muerte.

29

María de Nazaret ha cogido al Señor como guía: no lo siguió a la manera de los apóstoles por las calles de Palestina, pero él nunca se apartó de su corazón. En el momento solemne de la cruz ella permaneció a su lado. El misterio no se reveló completamente, María nunca llegó a comprender a Dios de modo completo, pero fue iluminada gradualmente.

La fe es como una aurora, se empieza a ver. La fe es como una apuesta, no se llega a ver totalmente, pero no se puede renunciar a seguir confiando, nos encaminamos hacia la luz resplandeciente. María nos guía a abrir los ojos para reconocer a Dios presente en nuestra historia.

Momento de silencio

RESPONDEMOS A LA PALABRA CON EL SALMO 139 (138)

1C. Señor, tú me has examinado y me conoces;
sabes, cuando me acuesto y cuando me levanto,
desde lejos te das cuenta de mis pensamientos;
tú ves mi caminar y mi descanso,
te son familiares todos mis caminos;

2C. No está todavía la palabra en mi lengua
y ya, Señor, tú la conoces por entero.
Tú me envuelves por detrás y por delante,
y tienes puesta tu mano sobre mí.
Tú sabiduría es un misterio para mí,
es tan sublime que no puedo comprenderla.

1C. ¿Adónde podría ir lejos de tu espíritu,
adónde podría huir lejos de tu presencia?
Si subo hasta los cielos, allí te encuentras tú;
si bajo los abismos, allí estás presente.

2C. Si vuelo hasta el origen de la aurora,
si me voy a lo último del mar,
también allí tu mano me retiene
y tu diestra me agarra.

1C. Si digo: «Las tinieblas me envuelven
y la luz se ha hecho noche entorno a mí»,
tampoco las tinieblas son tinieblas para ti,
ante ti la noche brilla como el día.

2C. Porque tú formaste mis entrañas,
tú me tejiste en el vientre de mi madre.
Te doy las gracias.
Confieso que soy una obra prodigiosa,
pues todas tus obras son maravillosas;
de ello estoy bien convencido.

1C. Mis huesos no se te ocultaban
cuando yo era formado en el secreto,
tejido en lo profundo de la tierra;
tu me veías cuando era tan solo un embrión,
todos mis días estaban escritos en tu libro
mis días estaban escritos y contados
antes de que ninguno de ellos existiera.

2C. Oh Dios, ¡qué difíciles son para mí tus pensamientos,
qué grande es el número, de ellos!
Si los cuento, son más numerosos que la arena;
si logro terminar, aún estoy contigo.

T. Examíname, Señor, y reconoce mi interior,
explórame y conoce mis pensamientos;
mira si voy por mal camino
y guíame por el camino eterno.

Momento de silencio

Reflexión de quien preside

G. La mujer samaritana ha olvidado el cántaro: lo que antes le interesaba ahora ha perdido valor, y no porque las cosas de antes fueran inútiles o malas, sino porque ha encontrado algo mejor, que hace palidecer y cambiar lo que antes le parecía muy importante. Este es el verdadero encuentro con Dios, el encuentro con Alguien que te hace entender que las otras cosas que buscabas valen menos; quizás lo necesites, pero ya no son la razón de tu vida. Nosotros también queremos en esta celebración tratar de dejar el cántaro que llevamos con nosotros a lo largo de nuestra vida. Lo hacemos escribiendo en una hoja de papel aquello que nos comprometemos a olvidar, dejar, regalar y lo ponemos dentro del cántaro colocado al pie del altar.

Se canta un canto durante el gesto

P. Oremos.
Padre, que en la bienaventurada Virgen María nos has dado la mujer de los tiempos nuevos y a la Madre de Gracia, novedad de Cristo, haznos dóciles a la acción del Espíritu y danos el valor y la fuerza para seguir cada día los pasos

de nuestro Señor, para transformarnos cada vez más en la imagen de él que es Dios y vive y reina contigo, en la unidad del Espíritu Santo, por los siglos de los siglos.

T. *Amen.*

BENDICIÓN

P. El Señor Jesucristo esté a tu lado para protegerte.

T. *Amen.*

P. Esté delante de ti para guiarte, y detrás de ti para defenderte.

T. *Amen.*

P. Te dirija su mirada, te asista y te bendiga.

T. *Amen.*

P. Y la bendición de Dios, Padre, Hijo y Espíritu Santo, descienda y permanezca siempre con vosotros.

T. *Amen.*

P. Vayamos en paz para amar y servir al Señor.

T. *Demos gracias a Dios.*

Canto final

ESTABA CIEGO Y AHORA VEO

Celebración mariana
en la cuarta semana de Cuaresma

P. En el nombre del Padre, del Hijo y del Espíritu Santo.

T. *Amen.*

P. El Señor esté con vosotros.

T. *Y con tu espíritu.*

Se canta un canto mariano o el himno aquí propuesto en forma coral

T. Mujer gloriosa, elevada sobre las estrellas,
tú alimentas en tu seno al Dios que te creó.
La alegría que Eva nos quitó nos es devuelta en tu Hijo
y abre el camino hacia el reino de los cielos.
Tú eres el camino de la paz, eres la puerta real:
te aclamamos los redimidos de tu Hijo.
A Dios Padre la alabanza, al Hijo y el Espíritu
que te han adornado
de un manto de gracia. Amén.

P. Hermanos y hermanas, en este tiempo cuaresmal nos preparamos para celebrar la Pascua, escuchando con mayor abundancia la palabra de Dios, dedicándonos a la oración, a la penitencia y a las obras de caridad, reavivando el recuerdo del bautismo y siguiendo a Cristo en el camino de la cruz. La santísima Virgen es para nosotros, en este tiempo propicio hacia la conversión, imagen del discípulo que escucha fielmente la palabra de Dios y, siguiendo las huellas de Cristo, se dirige decididamente al Calvario para morir con él y, unido a él, convertirse en criatura nueva.

Guiados por el ejemplo de María pidamos al Señor que abra nuestros ojos y cuide nuestro oído para que también nosotros, como el ciego de nacimiento, podamos ver y testimoniar en el mundo la salvación que él obra en nuestra vida.

I ant. Virgen fiel, mujer de la nueva alianza, novedad del Reino.

SALMO 111 (110)

1L. Doy gracias al Señor de todo corazón
en la reunión de los hombres justos y en la asamblea.

T. Grandes son las obras del Señor,
dignas de estudio para los que las aman.
Su obra resplandece de esplendor
y su justicia permanece para siempre.

2L. El ha hecho memorables sus milagros,
el Señor es misericordioso y lleno de ternura.
Él da de comer a sus leales
y recuerda siempre su alianza.

T. Manifiesta a su pueblo el poder de sus obras,
dándoles la heredad de las naciones.

1L. Verdad y justicia son las obras de sus manos,
todos sus preceptos son estables,
inmutables por los siglos, de los siglos,
fundados en el derecho y la verdad.

T. Envió a su pueblo la liberación
y estableció para siempre su alianza.

2L. Santo es su nombre y venerable.
El temor del Señor es el principio de la sabiduría,
los que la practican son gente lista:
su alabanza permanece eternamente.

T. Gloria al Padre y al Hijo y al Espíritu Santo.
Como era en el principio, ahora y siempre,
por los siglos de los siglos. Amén.

I ant. Virgen fiel, mujer de la nueva alianza, primicia del Reino.

G. Escuchamos la palabra de Dios del profeta Isaías (61,10-11)
Yo salto de gozo con el Señor,
mi alma se entusiasma con mi Dios,
porque me ha puesto los vestidos
de la salvación,
me ha envuelto en el manto
de la justicia,
como un recién casado
se ciñe la diadema
o novia se adorna con sus joyas.
Pues como la tierra echa sus brotes
como un huerto hace brotar

lo sembrado,
así el Señor Dios hará germinar
la justicia y la alabanza ante todas las naciones.

G. El Omnipotente ha realizado en mí grandes cosas y santo es
su nombre.

T. Ha mirado la humildad de su sierva y santo es su nombre.

Momento de silencio

II ant. Gloriosa Madre de Cristo: en ti se enaltecen los humildes,
por ti renace la esperanza de los pobres.

Cántico (1Sam 2,1-10)

3L. Tengo el corazón alegre gracias al Señor,
la frente alta gracias a Dios
y la boca abierta contra mis enemigos,
yo me regocijo en tu victoria.
Nadie como el Señor es santo,
fuera de ti no hay otros,
no hay roca como nuestro Dios.

4L. No repitáis tanto palabras altaneras,
no pronuncies palabras arrogantes,
porque el Señor es un Dios lleno de saber,
un Dios que pesa las acciones.
El arco de los valientes se ha roto,
mientras que los cobardes se ciñen de valor.
Los hartos se contratan por un poco de pan;

mientras que los hambrientos ya no se fatigan.

La mujer estéril tiene siete hijos,

y la madre fecunda se marchita.

3L. El Señor da la muerte y da la vida,

hace bajar al abismo y hace subir de él.

El Señor empobrece y enriquece,

el Señor humilla y enaltece.

Él levanta del polvo al miserable,

él saca al mendigo del estiércol,

para hacer que se siente con los nobles,

y asignarle un trono glorioso.

4L. Porque suyos son los pilares de la tierra,

y sobre ellos ha puesto él el orbe.

Él guarda los pasos de sus fieles

mientras los malvados perecen en las tinieblas,

pues no es por la fuerza como vence el hombre.

El Señor aniquila a sus contrarios,

el altísimo truena desde el cielo,

el Señor juzga los confines de la tierra,

dará fuerza a su rey,

y levantará la frente de su ungido.

T. Gloria al Padre y al Hijo y al Espíritu Santo.

Como era en el principio, ahora y siempre

por los siglos de los siglos. Amén.

II ant. Gloriosa Madre de Cristo: en ti se elevan los humildes,

por ti renace la esperanza de los pobres.

38

G. ¿Qué es lo que sorprende a María? El hecho que ella, pequeña, puede hacer grande, en su existencia, al Señor: «¡Yo ensalzo, yo hago grande al Señor!». El hecho de sentir que su vida es aquello que ha recibido, un tejido de dones: «Hizo de mi vida un lugar de prodigios». Es un asombro agradecido. El misterio de la fe consiste en recibir o, más precisamente, dejarse transformar, transfigurar, impregnar por lo que cada día recibimos.

Un asombro que viene del hecho de ver la realidad y la historia misma de una manera nueva: la debilidad de las criaturas redimida por el poder, por un Dios que levanta, derriba, llena, vacía y tiene misericordia por siempre. Nuestra condición de creyentes no es diferente a la de María; pero quizás nuestros ojos se han vuelto pobres, y ya no sabemos ver, ya no tenemos la sensación de que nuestra vida es lo que hemos recibido: un cúmulo de dones. Singular, fascinante, asombrada no solo está María: es la vida de cada creyente, que como ella acepta llevar en sí el misterio de la obra de Dios y la maravilla del don, eje principal de la historia del alma.

E. Ronchi

G. Desplegó la fuerza de su brazo
ha encumbrado a los humildes.

T. De generación en generación
su misericordia ha encumbrado a los humildes.

Momento de silencio

39

III ant. Mujer de la esperanza: de ti ha nacido la Luz del mundo.

SALMO 146 (145)

T. Alaba, alma mía, al Señor;
alabaré al Señor mientras viva,
cantaré himnos al Señor mientras exista.

IL. No confiéis en los príncipes,
ni en los humanos incapaces de salvar,
exhalan el aliento y retornan al polvo,
y ese día se malogran todos sus proyectos.

2L. Dichoso el que tiene su ayuda en el Dios de Jacob,
y su esperanza en el Señor, su Dios,
que hizo los cielos y la tierra,
el mar y todo lo que contiene.

3L. Que guarda lealtad eternamente,
que hace justicia a los oprimidos,
y da pan a los hambrientos.

4L. El Señor da la libertad a los presos,
el Señor da la vista a los ciegos,
el Señor endereza a los que están doblados,
el Señor ama a los que practican la justicia,
el Señor protege a los migrantes,
sostiene a las viudas y a los huérfanos
y, tuerce el camino de los malhechores.

T. El Señor reinará eternamente,
él es tu Dios, Sión, por todas las edades.
Gloria al Padre y al Hijo

y al Espíritu Santo.
Como era en el principio, ahora y siempre
por los siglos de los siglos. Amén.

III ant. Mujer de la esperanza: de ti ha nacido la Luz del mundo.

Escucha de la Palabra

P. Escuchamos la palabra del Señor en el Evangelio de Juan
(9,1-41)
De camino, vio a un hombre ciego de nacimiento. Sus
discípulos le preguntaron: «Maestro, ¿quién pecó, este o
sus padres, para que naciera ciego?». Jesús respondió: «Ni
este ni sus padres. Nació ciego para que resplandezca en él
el poder de Dios. Debemos hacer las obras del que me envió mientras es de día. Cuando viene la noche nadie puede
trabajar. Mientras estoy en el mundo, soy la luz del mundo». Dicho esto, escupió en tierra e hizo lodo con la saliva,
le untó con ello los ojos y le dijo: «Ve a lavarte en la piscina
de Siloé» (que significa enviado). Fue, se lavó y volvió con
vista.

Entonces los vecinos y los que solían verlo pidiendo li-
mosna decían: «¿No es este el que se sentaba a pedir?».
Unos decían: «Es este». Y otros: «No, es uno que se le
parece». Pero él decía: «Soy yo». Y le preguntaban: «Pues,
¿Cómo se te han abierto los ojos?». Él contestó: «Ese hombre que se llama Jesús hizo lodo, me untó con ello los ojos
y me dijo: Ve a lavarte a Siloé. Fui, me lavé y vi». Y le
preguntaron: «¿Dónde está ese?». Contestó: «No lo sé».

Llevaron a los fariseos al que antes había sido ciego, pues era sábado el día en que Jesús había hecho lodo y abierto sus ojos. Los fariseos, a su vez, le preguntaron cómo había obtenido la vista. Él les dijo: «Me puso lodo en los ojos, me lavé y veo». Algunos fariseos dijeron: «Ese no puede ser un hombre de Dios, pues no guarda el sábado». Otros decían: «¿Cómo puede hacer tales milagros un hombre pecador?». Estaban divididos. Preguntaron de nuevo al ciego: «A ti te ha abierto los ojos: ¿qué piensas de él?». Él contestó: «Que es un profeta».

Los judíos no podían creer que hubiera sido ciego y ahora viese, hasta que llamaron a sus padres y les preguntaron: «¿Es éste vuestro hijo, del que decís que nació ciego? ¿Cómo es que ahora ve?». Los padres contestaron: «Sabemos que éste es nuestro hijo y que nació ciego. Cómo ve ahora, no lo sabemos; ignoramos quién abrió sus ojos. Preguntádselo a él; ya es mayor y os puede responder». Sus padres hablaron así por miedo a los judíos, que habían decidido expulsar de la sinagoga al que reconociera que Jesús era el mesías. Por eso los padres dijeron: «Ya es mayor y os puede responder; preguntádselo a él».

Llamaron otra vez al que había sido ciego, y le dijeron: «Di la verdad ante Dios; nosotros sabemos que este hombre es pecador». Él respondió: «No sé si es pecador o no; solo sé que yo era ciego y ahora veo». Le preguntaron «¿Qué te hizo? ¿Cómo te abrió los ojos?». Respondió: «Ya os lo he dicho y no me habéis hecho caso. ¿Por qué queréis oírlo otra vez? ¿Queréis también vosotros haceros sus discípulos?». Ellos le insultaron diciendo: «Tú eres su discípulo; nosotros lo somos de Moisés. Nosotros sabemos que a Moisés le habló Dios. Pero de este no sabemos ni de dónde es». Él les contestó: «Es curioso: Vosotros no sabéis ni de dónde es, y él me ha abierto los ojos. Sabemos que Dios no escucha a los pecadores, sino al que le es fiel y hace su voluntad. Jamás se ha oído decir que alguien haya abierto los ojos a un ciego de nacimiento. Si él no fuera de Dios, no podría hacer nada». Le respondieron: «Todo tú eres pecado desde que naciste, y ¿nos enseñas a nosotros?». Y lo expulsaron sinagoga.

Jesús oyó que lo habían expulsado; fue a buscarlo y le dijo: «¿Tú crees en el hijo del Hombre?». Él le respondió: «¿Y quién es, Señor, para que crea en él?». Jesús le dijo: «Lo estás viendo; es el que habla contigo». Respondió: «Creo, Señor». Y se puso rodillas ante él. Jesús dijo: «Yo he venido a este mundo para que los que no ven vean, y los que ven se queden ciegos». Al oír esto, algunos fariseos que estaban con él le preguntaron: «¿Somos también nosotros ciegos?». Jesús dijo: «Si fueseis ciegos, no tendríais culpa; pero como decís que veis, seguís en pecado».

Respondemos a la Palabra

Estribillo. *Cristo, luz del mundo, el que te sigue tendrá la luz de la vida, la luz de la vida.*

IL. Amigo de la humanidad que has experimentado la tentación

2L. tú nos indicas en la obediencia el camino de la victoria. *Est.*

1L. Hijo de Dios transfigurado sobre la alta montaña

2L. tú nos muestras la cruz como éxodo hacia la gloria. *Est.*

1L. Jesús Mesías que das agua a quien tiene sed

2L. tú haces brotar en nosotros una fuente de vida eterna. *Est.*

1L. Luz verdadera que iluminas a cada persona que viene al mundo

2L. tú abres los ojos a aquellos que se reconocen ciegos. *Est.*

1L. Vencedor de la muerte que llamas a Lázaro desde el sepulcro

2L. tú eres la resurrección y la vida para el que cree en ti. *Est.*

P. Oremos.

Oh Dios Padre bueno, que en María, primogénita de la redención, nos has dado una madre de inmensa ternura, abre nuestros corazones al gozo del Espíritu, y haz que, a imitación de la Virgen, aprendamos a glorificarte por la estupenda obra realizada en Cristo tu Hijo. Él que vive y reina por los siglos de los siglos.

T. *Amen.*

P. Que nos proteja santa María y nos guíe benigna en el camino de la vida.

T. *Amen.*

P. Y la bendición de Dios, Padre, Hijo y Espíritu Santo, descienda y permanezca siempre con vosotros.

T. *Amen.*

P. Podéis ir en paz para en todo amar y servir al Señor.

T. *Demos gracias a Dios.*

Canto final

SI CREES, VERÁS...

Celebración mariana
en la quinta semana de Cuaresma

Canto inicial

P. En el nombre del Padre, del Hijo y del Espíritu Santo.

T. *Amen.*

P. Gracia y paz a vosotros de Dios nuestro Padre y de nuestro Señor Jesucristo, que nació de la Virgen María y dio su vida por nosotros.

T. *Amen.*

Canto mariano

Mientras la asamblea canta, se introduce el icono de la Madre de Dios junto con el Evangelio y una lámpara encendida; los signos se colocan en el presbiterio.

Al final del canto quien preside proclama:

P. ¡Betania,
bailando de alegría
por la resurrección de Lázaro,

anuncia la resurrección del Cristo,

dador de vida!

Tú eres, oh Cristo, mi Señor,

tú eres mi fortaleza, tú eres mi Dios,

tú eres mi júbilo,

tú has visitado nuestra pobreza.

Momento de silencio

G. La Virgen María, peregrina en la fe, nos abre a la comprensión del signo de la resurrección de Lázaro, narrado en el Evangelio de Juan que leemos en este V Domingo de Cuaresma. Es el signo que concluye los hechos históricos de Jesús y abre al misterio de su pasión, muerte y resurrección. Con esta celebración, al final del itinerario cuaresmal, queremos dirigir nuestra mirada a María, la Madre, que Cristo Jesús nos ha entregado en la cruz. La mirada de fe de María, Madre de Dios, nos ayude siempre a creer más allá de las tinieblas y de la muerte, para llegar a la vida nueva del Resucitado.

P. Oremos.

Padre santo, que en el camino de la Iglesia peregrina sobre la tierra has puesto como signo luminoso a la beata Virgen María, por su intercesión sostén nuestra fe y renueva nuestra esperanza para que nada nos desvíe del camino de salvación y, con Cristo podamos cantar la alegría de la resurrección.

T. *Amen.*

Canto meditativo

G. Fiel a las promesas, fiel al Padre, fiel en el tiempo de las pruebas y del sufrimiento, la Virgen María es para nosotros hermana y madre en el camino de fe. Fortalecidos por su presencia, podemos experimentar su ayuda y su intercesión. Que la Madre nos ayude en el camino de la fe a dar siempre nuestra adhesión a Dios y a creer en él. Como María, bienaventurada porque ha creído, dirijamos la mirada a la resurrección de Jesús anunciada en la resurrección de Lázaro; como en la visitación a Isabel, vemos, con la mirada de la fe, la historia gestada del Resucitado.

Los dos lectores se alternan en proclamar los textos evangélicos

1L. Betania distaba de Jerusalén unos tres kilómetros, y muchos judíos habían ido a casa de Marta y María para consolarlas (Jn 11,18-19).

2L. Unos días después María se dirigió presurosa a la montaña, a una ciudad de Judá. Entró en casa de Zacarías y saludó a Isabel (Lc 1,39-40).

1L. Así que oyó Marta que llegaba Jesús, salió a su encuentro, mientras que María se quedó en casa (Jn 11,20).

2L. Cuando Isabel oyó el saludo de María, el niño saltó en su seno e Isabel quedó llena del Espíritu Santo (Lc 1,41).

1L. Marta dijo a Jesús: «Señor, si hubieras estado aquí, no habría muerto mi hermano. Pero yo sé que Dios te concederá todo lo que le pidas». Jesús le dijo: «Tu hermano resucitará» (Jn 11,21-23).

2L. Isabel quedó llena del Espíritu Santo y dijo alzando la voz: «¡Bendita tú entre las mujeres y bendito el fruto de tu vientre!» (Lc 1,41b-42).

1L. Marta le respondió: «Sé que resucitará cuando la resurrección, el último día». Jesús le dijo: «Yo soy la resurrección y la vida. El que cree en mí, aunque muera, vivirá. Y todo el que vive y cree en mí no morirá para siempre. ¿Crees esto?». Le contestó: «Sí, Señor, yo creo que tú eres el mesías, el hijo de Dios que tenía que venir al mundo» (Jn 11,24-27).

2L. «¿Y cómo es que la madre de mi Señor viene a mí?» (Lc 1,43).

1L. Dicho esto, fue a llamar a María, su hermana, y le dijo al oído: «El Maestro está ahí y te llama». Ella, así que lo oyó, se levantó rápidamente y salió al encuentro de Jesús (Jn 11,28-29).

2L. «Tan pronto como tu saludo sonó en mis oídos, el niño saltó de alegría en mi seno» (Lc 1,44).

1L. Jesús le respondió: «¿No te he dicho que, si crees, verás la gloria de Dios?». Entonces quitaron la piedra. Jesús levantó los ojos al cielo y dijo: «Padre, te doy gracias porque me has escuchado. Yo bien sabía que siempre me escuchas; pero lo he dicho por la gente que me rodea, para que crean que tú me has enviado». Y dicho esto, gritó muy fuerte:

«¡Lázaro, sal fuera!». Y el muerto salió atado de pies y manos con vendas, y envuelta la cara en un sudario. Jesús les dijo: «Desatadlo y dejadlo andar» (Jn 11,40-44).

2L. «¡Dichosa tú que has creído que se cumplirán las cosas que te ha dicho el Señor!» (Lc 1,45).

T. ¡Celebremos a la Virgen que dio a luz a Cristo Dios, que redimió el mundo del pecado!

Canto meditativo

Momento de silencio

G. Como la Virgen María, en espera de la resurrección de Cristo Jesús, queremos rezar con las palabras de la Carta a los Hebreos el canto de la peregrinación de la fe en la historia de la salvación que llega hasta la resurrección de Jesús. A cada invocación respondemos:

Est. *¡Todas las generaciones te llamarán bienaventurada, oh María, porque has creído!*

3L. La fe es la garantía de las cosas que se esperan, la prueba de aquellas que no se ven. Por ella recibieron testimonio de admiración los antiguos. Por la fe conocemos que el mundo fue creado por la palabra de Dios, de suerte que lo visible tiene una causa invisible (11,1-3). *Est.*

4L. Por la fe Abel ofreció a Dios un sacrificio más perfecto que el de Caín; por ella fue proclamado justo (...). Por la fe fue arrebatado de este mundo Henoc sin experimentar la muerte (...). Por la fe Noé, divinamente advertido acerca de las cosas que todavía no se veían, movido de un religioso temor, construyó un arca para salvar a su familia (11,4a.5a.7a). *Est.*

3L. Por la fe Abrahán, obedeciendo la llamada divina, partió para un país que recibiría en posesión, y partió sin saber a dónde iba. Por la fe vino a habitar en la tierra prometida como en un país extranjero, viviendo en tiendas de campaña (11,8-9a). *Est.*

4L. Por la fe recibió también Sara el poder de concebir, fuera de la edad propicia, porque creyó en la fidelidad de aquel que se lo había prometido. (...). Por la fe Abrahán, puesto a prueba, ofreció a Isaac (11,11.17a). *Est.*

3L. Por la fe Isaac bendijo a Jacob y a Esaú con vistas al futuro. Por la fe Jacob, al morir, bendijo a cada uno de los hijos de José (...). Por la fe José, al fin de su vida, refiriéndose al éxodo de los israelitas dio disposiciones acerca de sus restos mortales (11,20-22). *Est.*

4L. Por la fe Moisés, apenas nacido, fue ocultado por sus padres durante tres meses, porque vieron que el niño era hermoso y no temieron el edicto del rey. Por la fe Moisés, siendo ya mayor, no quiso ser tenido por hijo de la hija del Faraón, (...). Por la fe huyó de Egipto sin temor a las iras del rey y se mantuvo firme como si viese al invisible (11,23-24a.27). *Est.*

3L. Por la fe celebró la pascua y roció con sangre las puertas para que el exterminador no tocase a los primogénitos de

Israel. Por la fe pasaron el mar Rojo como por tierra seca (11,28-29a). *Est.*

4L. Por la fe cayeron los muros de Jericó, después de dar la vuelta a su alrededor durante siete días. Por la fe Rajab, la prostituta, no pereció con los incrédulos, por haber dado asilo a los espías (11,30-31). *Est.*

3L. Gedeón, Barac, Sansón, Jefté, David, lo mismo que de Samuel y los profetas, los cuales por la fe subyugaron reinos, ejercieron la justicia, alcanzaron las promesas, cerraron la boca de los leones, apagaron la violencia del fuego, escaparon al filo de la espada, convalecieron de la enfermedad, fueron valientes en la guerra, pusieron en fuga a los ejércitos enemigos (11,32b-34). *Est.*

4L. Hubo mujeres que recuperaron sus muertos resucitados. Unos se dejaron torturar, no aceptando la liberación, para obtener una resurrección mejor. Otros soportaron burlas y latigazos, incluso cadenas y cárceles; fueron apedreados, torturados, aserrados, pasados a filo de espada, (...) desprovistos de todo, oprimidos, maltratados (11,35-37). *Est.*

P. Precisamente por eso también nosotros, envueltos como estamos en una gran nube de testigos, debemos liberarnos de todo aquello que es un peso para nosotros y del pecado, que fácilmente nos seduce, y correr con perseverancia en la prueba que se nos propone, fijando nuestra mirada en Jesús, el autor y consumador de la fe, quien, para obtener la gloria que se le proponía, soportó la cruz, aceptando valientemente la ignominia, y está sentado a la diestra del trono de Dios (12,1-2).

T. Madre dichosa, has creído en la historia: en las fieles promesas del Padre; has creído en la vida; has creído en el Hijo; has creído en la Pascua. ¡Danos la alegría de creer contigo!

Reflexión de quien preside

Al final, un canto acompaña la ofrenda del incienso al icono de la Madre de Dios.
Después de poner un poco de incienso en el recipiente, quien preside dice:

P. Padre, que en la resurrección de Cristo, tu Hijo, has colmado de alegría inefable el corazón de la Madre y has exaltado admirablemente su fe: la Virgen María, que creyendo concibió al Hijo, creyendo espera intrépida la victoria pascual. Fuerte de esta fe, ella miró al día radiante, en el que, disipadas las tinieblas de la muerte, una luz gozosa inundaría al mundo entero, y la Iglesia naciente contemplaría con trepidación exultante el rostro glorioso de su inmortal Señor.

Momento de silencio

Bendición

P. Gloriosa Madre del Señor que con fe has acogido al Verbo hecho carne, y has creído en la resurrección de tu Hijo muerto por nosotros, tú, Virgen piadosa, protege y custodia a la Iglesia.

P. Y la bendición de Dios, Padre, Hijo y Espíritu Santo, descienda y permanezca siempre con vosotros.

T. *Amen.*

P. La fe de la Virgen ilumine nuestra vida; su protección materna acompañe nuestro camino al encuentro del Resucitado. Podéis ir en paz.

T. *Demos gracias a Dios.*

Canto final

Índice